AMOR-
-PRÓPRIO,
AMOR
PELO
MUNDO

PRÁTICAS DE ATENÇÃO,
EXPRESSÃO E
TRANSFORMAÇÃO PARA
TEMPOS (IN)TENSOS

LILIANE PRATA

AMOR-PRÓPRIO, AMOR PELO MUNDO

PRÁTICAS DE ATENÇÃO, EXPRESSÃO E TRANSFORMAÇÃO PARA TEMPOS (IN)TENSOS

instante

© 2020 Editora Instante
© 2020 Liliane Prata

Direção Editorial: **Silvio Testa**

Coordenação Editorial: **Carla Fortino**
Revisão: **Fabiana Medina** e **Juliana A. Rodrigues**
Capa, projeto gráfico e ilustrações: **Fabiana Yoshikawa**

1ª Edição: 2020

Dados Internacionais de Catalogação na Publicação (CIP)
(Laura Emília da Silva Siqueira CRB 8/8127)

Prata, Liliane.
    Amor-próprio, amor pelo mundo : práticas de atenção,
expressão e transformação para tempos (in)tensos /
Liliane Prata. 1ª ed. – São Paulo: Editora Instante : 2020.

    ISBN 978-65-87342-00-9

    1. Psicologia do comportamento
    2. Autoconhecimento 3. Equilíbrio pessoal
    I. Prata, Liliane.

CDU 159.942   CDD 158.1

Índices para catálogo sistemático:
1. Psicologia do comportamento
2. Autoconhecimento
    158.1

Texto fixado conforme o Acordo Ortográfico da
Língua Portuguesa de 1990, em vigor no Brasil a partir de 2009.

www.editorainstante.com.br
facebook.com/editorainstante
instagram.com/editorainstante

*Amor-próprio, amor pelo mundo: práticas de atenção,
expressão e transformação para tempos (in)tensos* é uma
publicação da Editora Instante.

Este livro foi composto com as fontes Arnhem e Kiona e impresso
sobre papel Pólen Bold 90g/m² na gráfica Edições Loyola.

Para você

"Dizem que o que todos procuramos é um sentido para a vida. Não penso que seja assim. Penso que o que estamos procurando é uma experiência de estar vivos, de modo que nossas experiências de vida no plano puramente físico tenham ressonância no interior do nosso ser e da nossa realidade mais íntimos, de modo que realmente sintamos o enlevo de estar vivos."

Joseph Campbell

UMA TRILHA POÉTICA E PRÁTICA

Em *O mundo que habita em nós: reflexões filosóficas e literárias para tempos (in)tensos*, reflito sobre os distanciamentos e as aproximações do nosso *si mesmo*, esse "eu" mais profundo, mais cristalino, mais descontaminado de narrativas que vão tornando nosso olhar opaco e murchando nossa vontade de ser e de viver. Algumas pessoas que leram o livro me pediram sugestões práticas de como levar aquelas reflexões para o dia a dia. "Já tentei meditar e não consigo", alguns me disseram. "Já faço terapia e me faz muito bem, mas queria ter à mão alguns exercícios para a alma, assim como faço exercícios físicos", uma leitora comentou. Daí nasceu a oficina *A harmonia que habita em nós*, com práticas elaboradas a partir das questões do livro. Depois de receber o retorno de boa parte dos mais de duzentos participantes, fiz alterações na ordem das práticas e em algumas práticas em si, e agora elas tomam a forma deste livro. São exercícios simples, você vai ver, mas que propõem um percurso rumo a uma maior profundidade. Quem leu *O mundo...* vai se aprofundar nas questões discutidas nele, mas não é preciso ter lido para mergulhar na jornada que proponho a seguir.

A cultura da aceleração e da produtividade, a busca exagerada por aplausos, conforto e novidades, o medo da rejeição, o valor atribuído à imagem, a falta de abertura à diferença e à discordância, o excesso de consumismo, distrações e estímulos de todo tipo... São muitas as narrativas de hoje que nos desvitalizam, deixando nosso mundo interior fragilizado e empobrecido quando nos rendemos a elas. Vamos nos perdendo de nós mesmos e nos transformando em pessoas tensas, ansiosas, temerosas e tentando compensar nosso murchamento com mais um excesso, mais uma distração, mais um ideal de como deveríamos ser e como a vida deveria ser.

Como nos sentir mais conectados a nós mesmos e à vida? Menos desmoronáveis quando a dor vem? Como recuperar a intensidade da paleta de cores aqui de dentro e, com isso, experienciar a graça de estar vivo e a alegria do encontro com nossos vizinhos de mundo?

Não há uma fórmula mágica ou uma salvação para tantas distâncias entre os nossos "eus" e o nosso *si mesmo*. A literatura, a meditação, a arte, a análise, os encontros e os desencontros com os seres e as coisas do mundo — tudo isso pode nos auxiliar nessa trilha, mas não há conto de Clarice

Lispector, por mais sublime que seja, que faça isso por nós. Só passamos por experiências transformadoras quando nos abrimos a elas. Cada um de nós trilhará seu próprio caminho em busca do que pode ser chamado de um estado de lirismo, um estado de poesia.

Não, este não é um livro para aprender a escrever versos... E sim para acessar a poesia que já está aqui, dentro de nós, tão enevoada pela pressa e pela insensibilidade que somos convocados a vestir no dia a dia. "Quanto mais poético, mais verdadeiro", escrevi em *O mundo...*, citando o poeta alemão Novalis. E essa verdade não está lá fora nem grita, mas é sutil e pode ser percebida dentro de nós — se nos dispusermos a ouvi-la.

Tem sido cada vez mais difícil cultivar esse estado lírico. Falta tempo, sobra preocupação, falta atenção, sobra pressa, e a pressa embrutece — embrutece e cansa, um cansaço que, muitas vezes, não percebemos de onde vem. Mas esse cansaço está aí, enfraquecendo nosso contato com o mundo e com nós mesmos. Está junto com tantos imperativos de nossa época, tantos modos "corretos" de "como devemos viver". Quanto da sua singularidade é sequestrada por uma lógica homogeneizante? E quanto do seu cansaço vem disso?

Singularidade: essa é uma palavra muito importante em *O mundo...* e será na nossa jornada aqui. Assim como a sensibilidade, que é um alento e uma força: não a confundamos com hiper-reatividade — sentir-nos muito magoados ou nos tornar agressivos quando contrariados, desmoronar ou atacar a cada expectativa frustrada.

É tempo de perceber melhor o nosso entorno e nos perceber melhor. De nos abrir cada vez mais para o amor-próprio e o amor pelo mundo. Ganhar consciência das nossas necessidades mais profundas e das necessidades do outro. Diminuir a espessura das lentes com as quais vemos as coisas, para enxergá-las com mais nitidez. Acessar e expressar nossa delicadeza e nossa humanidade em seu mais alto grau. Sentir a vida que habita em nós.

Que as práticas propostas aqui sejam nutritivas no seu processo.

Boa jornada!

A ATENÇÃO É UMA FORMA DE ALEGRIA

Algumas sugestões antes de começarmos:

- Mantenha um **Diário de sonhos** durante o tempo em que fizer as práticas — e depois disso pelo tempo que quiser. Pela manhã, anote nele seus sonhos. Uma dica para lembrar com mais frequência: programe o despertador para dez ou quinze minutos mais cedo. O alarme tocou? Desative-o e permaneça deitado, não mexa no celular para ver as redes sociais ou conferir mensagens. Na cama, ponha a mão sobre o peito e relaxe, sem se esforçar para se lembrar dos sonhos: deixe-os virem até você. Talvez eles o alcancem só na cozinha. Talvez no dia seguinte, talvez nunca. Tudo bem, outros sonhos virão.

- Elaborei as práticas pensando na realização de uma por dia, na ordem em que aparecem. Mas não há problema algum em repetir práticas anteriores quando desejar, muito pelo contrário. Por exemplo, continuar fazendo a prática 1 depois do primeiro dia.

- Algumas práticas vão requerer alguma programação — penso, sobretudo, naquelas que são mais viáveis nos dias em que você tiver poucos compromissos ou nenhum. Quando for preciso, pule a que requer um dia menos atarefado e volte a ela quando tiver disponibilidade. No dia pulado, repita a prática de sua preferência ou avance para uma nova.

- A substituição também vale para outras práticas que, por qualquer motivo, você não se sinta à vontade para fazer: aproveite o dia para repetir uma ou mais práticas ou avance. Depois, você volta àquela que foi saltada e decide se agora gostaria de experimentá-la.

- Há frases salpicadas ao longo do livro, em páginas só para elas. São alguns de meus pensamentos que conversam com as práticas. Sugiro que, quando topar com uma delas, reflita a respeito, veja se faz sentido para você.

- Por fim, recomendo que você se abra às práticas aqui propostas. Adoro uma análise teórica, não foi à toa que escrevi *O mundo que habita em nós*. Porém nada nos transforma sem passar pela nossa experiência, e a experiência é algo que demanda abertura, entrega. Este é um livro de práticas.

Abra-se para experimentar os exercícios propostos... E perceba o que acontece, se há desdobramentos na sua interioridade e no seu encontro com o mundo. Note que usei o verbo *perceber*, pois não se trata tanto de compreender com o intelecto, e sim de vivenciar: atravessar com o corpo, os sentidos e, por que não dizer, a alma.

SÃO AS
EXPERIÊNCIAS
QUE NOS
TRANSFORMAM,
NÃO OS
CONCEITOS
QUE ACHAMOS
BONITOS.

1

A prática de hoje consiste em realizar dois exercícios simples de respiração consciente. Além de trazer relaxamento, eles abrirão caminho para nossas práticas meditativas mais longas ao longo da jornada.

Primeiro exercício: sentado, feche os olhos, respire profundamente, segure o ar por cinco segundos e solte. Repita duas vezes. Sugiro que faça esse exercício mais de uma vez hoje — vamos dizer uma vez pela manhã, outra depois do almoço, uma no fim da tarde.

Segundo exercício: pelo menos cinco vezes ao longo do dia, sinta como está a sua respiração. Bote a atenção nela. Apenas isto: concentre-se no ato de respirar — o ar entrando, o ar saindo. Se sentir vontade de fechar os olhos, colocar a mão sobre o peito ou espreguiçar, vá em frente. O importante é reservar alguns momentos para ter consciência da sua respiração.

Você pode fazer isso enquanto realiza tarefas do dia a dia: ao digitar, caminhar, dirigir, esperar algo ou alguém, andar de ônibus... Sinta a respiração por alguns instantes. O ar entrando e saindo, o ritmo, a profundidade. Se notar que a respiração está curta, respire profundamente.

VOCÊ RESPEITA O SEU **RITMO**? (OU MEDE O SEU **TEMPO** PELO CRONÔMETRO DOS OUTROS?)

2

A prática se estenderá pelo dia todo: ela consiste em não fazer nada afobadamente. Nada! Amarrar o cadarço, sair apressado do banho para atender o telefone, correr atrás do ônibus, fazer algo todo atrapalhado porque está pensando em outra coisa, terminar o treino ou o almoço correndo para não se atrasar para a reunião, estacionar em cima da hora para o cinema...

Pode ser que o seu dia esteja cheio, com muitas tarefas e compromissos. Procure ficar inteiro em cada situação, atento, não mais acelerado do que a situação pede: é disso que se trata. Procure não sobrepor tarefas sem necessidade (por exemplo: você pode terminar o banho com calma e ver depois quem ligou; fazer um exercício a menos para não sair correndo da academia; almoçar mais perto se quiser chegar à reunião na hora certa; deixar o cinema para um dia em que vai sair com mais calma do trabalho).

Em caso de afobação, pergunte-se: é mesmo necessário ficar nesse estado? (Há um tigre vindo em minha direção?) Se não for, prenda o ar inspirado por cinco segundos, como na prática 1, e então se concentre no que está fazendo. A respiração vai ajudar a "desafobar".

- CONTROLE

+ ENTREGA

Hoje, cinco vezes ao dia, você vai realizar a seguinte prática:

- Pare o que está fazendo, como quando éramos crianças e alguém gritava: "Estátua!".
- Perceba se há alguma parte tensa na sua musculatura — os ombros, um pé, outro pé, o abdômen.
- Solte a musculatura tensa.

Procure distribuir essas cinco vezes ao longo do dia. Perceba. E então relaxe.

EM BUSCA DA ~~FELICIDADE~~
SIMPLICIDADE

EM BUSCA ~~DO APLAUSO~~
DA CONVIVÊNCIA

EM BUSCA DO ~~PARECER~~
SER

Hoje você vai prestar atenção a uma música instrumental.

Estamos acostumados a ouvir as músicas como pano de fundo de uma ação ou mesmo da nossa imaginação — ouvimos e ficamos pensando em mil coisas... Nesta prática, ouviremos a música atentamente, como quem assiste a um filme sem perder nenhum detalhe.

Evite pensar "Que música boa" ou "Que coisa chata" — o que quer dizer: se pensamentos como esses cruzarem sua mente, simplesmente não dê atenção a eles. Apenas ouça a canção.

Reserve pelo menos dez minutos, deite-se ou sente-se confortavelmente, dê o *play*, feche os olhos e coloque sua atenção total na música: perceba a "história" que ela conta por meio de suas variações no ritmo, sinta suas gradações, sua maciez, suas explosões, seus gritos, sua textura; deixe-se encharcar pelas notas musicais. Ouça como se estivesse enxergando a pessoa por quem você está enamorado. Entregue-se.

Finalize com uma respiração profunda.

MÚSICAS SUGERIDAS

"Resurreccion del Angel"
(Astor Piazzolla)

"Clair de Lune, L.32"
(Claude Debussy)

"Piano Sonata Nº 16"
(Mozart)

"Strange Meadow Lark"
(The Dave Brubeck Quartet)

"Canticles of Ecstasy"
(Hildegard von Bingen)

JÁ PASSAMOS
DO TEMPO DE
**CONFUNDIR
CANSAÇO** COM
TRISTEZA E
SENSIBILIDADE
COM **MELANCOLIA.**

5

Hoje vamos atravessar um pouco da nossa verborra-gia mental. Como se descêssemos por nosso mun-do interior até encontrar espaços de quietude.

Estou dizendo dessa forma porque não se tra-ta de se esforçar para ficar com a mente quieta. Não faremos esforço nem calaremos a mente. Apenas não vamos prestar atenção ao barulho mental, ao excesso de pensamentos, preocupações, planos, enfim, a essa verborragia que tantas vezes gera cansaço. Vamos fazer uma espécie de recuo diante desses ruídos: estamos muito acostumados a ficar ativos, engrossando e alimentando os pensamen-tos, mas hoje ficaremos mais passivos diante deles, como se eles não dissessem respeito a nós.

Assim, a prática é: pelo menos três vezes ao longo do dia, por alguns minutos (perceba por quanto tempo quer fazer isso, talvez dois, cinco ou dez minutos), imagine-se colocando um banqui-nho na mente, sentando-se nele e observando seus pensamentos. Procure fazer isso bem naqueles momentos de agitação mental: pensamentos relacionados a ansiedade, por exemplo. Bote o banquinho, sente-se e observe os pensamentos como se não fossem seus. Como se fossem balões e você não estivesse puxando a cordinha, sabe? Não se envolva com eles. Exemplo: sua mente pensa "Puxa, e aquilo que aconteceu anteontem, hein?", e aí você não alimenta isso: apenas se senta no banquinho imaginário e observa. Você pode praticar o exercício enquanto dirige, come, cozinha, caminha ou realiza qualquer outra atividade. Envolva-se com a atividade que está sendo feita, e não com os pensamentos.

O barulho continua lá. Mas você está à parte dele, em um espaço de quietude.

QUANTO DO
SEU **CANSAÇO**
VEM DO **ESFORÇO**
DE VIVER
SIMULANDO
COMPREENSÕES?

A partir do nosso corpo, experienciamos o mundo. Nossos sentidos são como uma ponte entre o dentro e o fora. Hoje é dia de nos conscientizar disso, de deixar que nosso tato nos conecte com o mundo.

A prática consiste em, ao longo de todo o dia, nos perceber várias vezes sentindo o mundo:

• O tecido da roupa tocando nossa pele ao nos vestir.

• Nossos passos tocando o chão ao caminharmos e pelo chão sendo tocados.

• O movimento das nossas pernas abrindo caminho no ar ao andarmos, o peso colocado nesse gesto, a velocidade dos passos.

• No banheiro, os momentos de fazer xixi e cocô.

• A água e a comida que ingerimos.

- Os bocejos e espirros que damos; os beijos e abraços que trocamos.

- Os movimentos de nossas mãos quando esperamos algo.

- Eventuais pontos de tensão (quando estiver sentado, perceba se algum músculo está contraído e então o solte).

- Os sorrisos: sinta seus sorrisos, perceba os músculos do maxilar.

Vamos supor que almoce com alguém. Estão conversando, ouvindo. Lembre-se do exercício e tome consciência pelo menos algumas vezes do suco sendo engolido. Sinta os quadris apoiados na cadeira, os pés tocando o chão, a mão pegando o copo e manuseando os talheres, o peso se deslocando ao andar.

Por quantas vezes puder, sinta seu corpo tocando e sendo tocado pelo mundo. Se preferir, marque no relógio cinco períodos de tempo para a prática: cinco blocos de dez minutos, por exemplo.

Hoje é o dia do tato, no sentido mais profundo possível.

O AMOR
SÓ RESPIRA
EM CORPOS
ATENTOS.

7

Hoje teremos mais uma prática de atenção. É a seguinte: a qualquer hora do dia que você possa ficar um tempinho sozinho e em silêncio (se for só antes de dormir, tudo bem), programe o *timer* para dez minutos, acenda uma vela e... fique olhando para ela. Em silêncio, sem música.

Note que algumas práticas de atenção se voltam para o nosso dentro (respiração, pensamentos), e outras para fora de nós (música e, agora, a vela). Você já piscou o olho encostado na mão e sentiu os cílios roçando na pele? Isso não lembra o movimento de asinhas? Eis o movimento entre nós e o mundo representado por nossos olhos: quando abertos, asas para fora; quando fechados, um mergulho para dentro. E assim vivemos, entre voos e mergulhos, entre nosso mundo interior e o mundo exterior. Interagimos com o mundo exterior por meio dos nossos filtros internos, mas, como escrevo em *O mundo que habita em nós*, o mundo exterior existe!

Está aqui, com seu susto e sua beleza. E quantas vezes entramos em nossa espiral mental e mal enxergamos o mundo... Ficamos presos em um redemoinho invisível e voraz no qual giram em alta velocidade as coisas que queremos, nossas expectativas, ambições, ressentimentos e frustrações, e mal sentimos nossos pés pisarem na grama. É por isso que práticas de atenção são tão importantes.

Hoje é dia de se concentrar na vela. Não é preciso lutar contra os pensamentos — apenas se certifique de estar observando a vela, e não pensando no que vai comer mais tarde ou coisa do tipo. Saia de si e entregue-se ao movimento do voo, permita-se ser capturado pelas coisas do mundo — nesse caso, a vela. Observe a chama com uma atenção enorme. Deixe-se fascinar pela vela: a cor da chama, o movimento do fogo, a oscilação, as mudanças de tonalidade, a cera derretendo. Aproxime-se, cheire, sinta o calor. Fique pertinho, olhos atentos — voando. Fale algo para a vela: a chama reage? Nós a estamos observando, será que ela também nos observa? Entrou um vento no quarto: a chama reage? As cores mudam? Há um balanço?

Caso você se distraia ("Que exercício estranho!"; "Será que falta muito tempo para terminar?" etc.), já sabe: volte sua atenção para a vela. Observe-a com profundidade, com entrega. Hoje é dia de voar para fora do "eu" em direção ao fogo.

VOCÊ DESCOBRE A SUA FORÇA À MEDIDA QUE SEGUE EM FRENTE.

A prática de hoje envolve uma espécie de visualização olfativa.

Sente-se em uma posição confortável e feche os olhos. Imagine que uma delicada rosa está diante de você, flutuando tranquila. Então, inale o perfume dessa rosa. Aspire profundamente, como se de fato estivesse sentindo seu delicado aroma. Ao expirar, o ar perfumado permanece em seu interior. Faça cerca de cinco inalações, agradeça a rosa imaginária e abra os olhos.

Repita à noite, já deitado, antes de dormir.

(MUITO) MELHOR UMA INSEGURANÇA **HONESTA** DO QUE UMA FALSA CALMA.

Quantas vezes não forjamos nossa alegria? Às vezes, sem nem nos dar conta disso? E sem nem perceber o cansaço que nos gera, porque há um cansaço que vem desse esforço...

A prática de hoje consiste em ficar atento a cada sorriso antes que ele "pule" de sua boca. Você não dará nenhum sorriso sem vontade.

Você será educado e respeitoso com quem cruzar seu caminho, claro. Mas não sorrirá em vão! Apenas quando o sorriso brotar verdadeiramente, como brotam as nossas lágrimas mais comovidas.

UM ÓTIMO **INVESTIMENTO:** MENOS NA IMAGEM E MAIS NA **CORAGEM.**

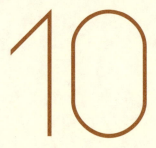

Hoje, você não vai concordar no automático com ninguém nem balançar a cabeça e dizer qualquer coisa quando está pensando em outra. A prática se estende pelo dia todo. Consiste em botar atenção genuína ao que ouve: as palavras que as pessoas lhe dirigirem pessoalmente ou por mensagens.

Já colocamos nossa atenção na música, na vela... Agora, nossa música virá das pessoas falando conosco. Com um detalhe importante: a prática inclui fazer uma pausa antes de responder (quando houver resposta). Dois ou três segundos que seja: não responda imediatamente — a não ser que alguém diga algo do tipo: "Cuidado! Fogo!".

Esse espaço também vale para o aviso sonoro de mensagens, mas nesse caso a pausa é maior: pelo menos trinta segundos antes de decidir ver quem mandou a mensagem e pegar o aparelho. Se você trabalha com ele na sua mesa, deixe-o virado para baixo. Se puder guardá-lo na bolsa ou na mochila, melhor. Se costuma mantê-lo no silencioso ou com as notificações desativadas, procure verificá-lo com uma frequência menor hoje. Pelo menos metade da frequência de costume, digamos. Inclusive se você estiver à toa. Se ele tocar, espere pelo menos o terceiro toque. Se a campainha tocar ou alguém chamar, respire antes de se levantar e atender. Sempre que for possível, hoje, crie espaços entre a fala do outro e a sua resposta: é disso que se trata.

Então: ouça com foco total. Silencie antes de responder, ou seja, não emende sua fala na do outro. Simples e, em fases de maior ansiedade, muito desafiador!

– EXPECTATIVAS

+ NOÇÃO DOS
PRÓPRIOS LIMITES

11

A prática de hoje é o que chamo de *"detox* da espera".

Ao longo do dia, costuma haver momentos em que esperamos algo — estamos na fila de algum lugar ou aguardamos o farol fechar para atravessar a rua (ou abrir para continuar dirigindo); estamos dentro do ônibus ou Uber esperando para chegar ao nosso destino, no elevador esperando para chegar ao nosso andar, a água borbulhar na cafeteira, o banheiro ficar vago...

Hoje, em nenhuma dessas esperas, pegaremos o celular. Ficaremos simplesmente... esperando. Entregues aos nossos pensamentos ou ao vazio, observando nosso entorno, ouvindo aquele diálogo ao longe, reparando nos detalhes à nossa frente. Desfrute até mesmo do tédio da espera.

Você pode usar seu celular hoje, mas em momentos reservados para isso. Momentos nos quais você está consciente de que quer ou precisa usar o celular.

O celular não é nosso inimigo, mas não é preciso preencher cada fresta entre nossas ações com ele. Na verdade, perdemos muito quando temos os momentos de contemplação e ócio sequestrados pelo uso automático do aparelho.

Nossos dias certamente ficarão cada vez mais permeados pela tecnologia, e isso será um problema apenas se nos perdermos de nossa sensibilidade e humanidade e nos rendermos a todo instante à lógica da máquina — da necessidade permanente de estímulos, de velocidade, de ocupação.

O PENSAMENTO **BINÁRIO** NÃO DÁ CONTA NEM DO AMOR, NEM DO **CAOS**.

12

Quando estamos com algum problema, dilema, conflito, muitos de nós dedicam bastante tempo a pensar nessa questão, em busca de uma saída. São palavras, raciocínios, labirintos mentais à procura de uma solução. Hoje, seguiremos um caminho diferente em relação a um conflito, a uma dúvida ou aflição pela qual estamos passando: em vez de buscar ajuda nas palavras, nos pensamentos, buscaremos no silêncio. Se nossos pensamentos são limitados por condicionamentos dos quais, muitas vezes, não nos damos conta, o silêncio, a quietude, o vazio são espaços livres, abertos à criatividade. A própria palavra já é um condicionamento, uma tradução sempre imperfeita do mundo interno e externo. Procure se abrigar cada vez mais vezes na não palavra e perceba o que acontece.

A prática é a seguinte: sente-se em um lugar silencioso e em que esteja sozinho. Pense em uma questão que o está afligindo, para a qual gostaria de obter ajuda quanto ao que fazer, ao caminho a seguir. Diga a si mesmo: "Gostaria de uma orientação para esse problema". Então faça três respirações profundas, feche os olhos e fique alguns minutos (não precisa estipular o tempo) concentrado, mirando, sem abrir os olhos, em um ponto entre as sobrancelhas. Pouse a mão sobre o peito e a atenção na respiração. Abra os olhos quando estiver calmo e relaxado, quando sentir que a prática chegou ao fim, e respire profundamente.

SENTIR RAIVA É
DIFERENTE DE SER
CONTROLADO
PELA RAIVA.

SENTIR MEDO
É DIFERENTE DE
SER CONTROLADO
PELO MEDO.

13

Hoje você vai desenhar como estão seus sentimentos, suas emoções, seu mundo interior. Como se estivesse fazendo um raio X do que se passa na sua alma!

Use o material de sua preferência: lápis de cor, giz de cera, canetinha, tinta... São dois desenhos. O primeiro é abstrato, utilizando formas e cores. No segundo, desenhe figuras. Não pense muito: perceba sua respiração e deixe a mão solta, livre; vá sentindo o seu dentro e desaguando-o no papel. Não ouça música durante a prática, pois a tendência seria desenhá-la, e a proposta aqui é se conectar com você.

Contemple seus dois desenhos. Escute-os. Perceba como se sente.

NOSTALGIA ONTOLÓGICA

SAUDADE DE QUEM VOCÊ **ERA ANTES** DE SE TORNAR QUEM VOCÊ INVENTOU QUE **PRECISAVA SER.**

A prática de hoje é relaxante: fazer um escalda-pés ao fim do dia. Você sabe: uma bacia de água quente pura, com sal grosso ou gotas de óleo essencial, uma toalha ao lado para secar os pés e, se quiser, meias para calçar na sequência. Costumo deixar ao meu lado uma garrafa térmica com água fervente, que acrescento quando a da bacia esfria.

Durante o escalda-pés, você pode ficar sem fazer nada, ou conversar com alguém que esteja na sua casa, ou ouvir música, ou ler um romance, um livro de contos, poesia, gibi. Só se afaste das telas — celular, TV, computador —, pois elas demandam muita atenção, e o momento pede estímulos mais delicados. Você já teve tempo para elas ao longo do dia e terá antes de dormir, certo?

Essa não é hora de estudar nem de ler notícias ou algum livro técnico sobre sua área de atuação. Tampouco de ler manuais para aumentar sua produtividade em alguma área, aprender sobre investimentos ou algo assim. Se for ler enquanto faz o escalda-pés, certifique-se de que seja uma leitura por puro prazer, sem utilidade prática para além da fruição.

NÃO PERMITA QUE A
SUPERFICIALIDADE
DE ALGUÉM TE
MACHUQUE FUNDO.

A prática de hoje é de gratidão, palavra dita de modo tantas vezes automático, mas que é tão mais que uma palavra, não? Sentir-se grato significa não colocar a atenção apenas no que falta, como é tão comum, mas no que está presente. Essa simples mudança de foco pode nos levar a estados internos muito profundos.

Duas vezes ao longo do dia, com intervalo entre elas, faça o seguinte: sentado, feche os olhos, bote a mão sobre o peito, concentre-se e deixe surgir situações/coisas na sua vida atual pelas quais você é grato.

Não precisa saber a que ou a quem agradecer, não precisa ter uma religião específica ou acreditar em Deus. Simplesmente deixe vir coisas que fazem parte da sua vida e que, se não fizessem, fariam uma falta danada.

Algo importante dessa prática é o seguinte: não se forçar a se sentir grato por nada. Por

AMOR-PRÓPRIO, AMOR PELO MUNDO

exemplo, pensar "como é bom ter dois olhos" se não está sentindo alegria por isso, se está agradecendo no automático ou porque é "o certo" agradecer. Não se obrigue a ser grato por nada: feche os olhos e deixe vir coisas, situações, pessoas pelas quais se sente verdadeiramente grato no momento da prática. Ter um lugar para morar, ter falado com o fulano, ter feito a viagem tal, ter acabado de tomar um chá: deixe surgir espontaneamente. E então agradeça. A prática dura alguns instantes, de um a cinco minutos concentrados. Não há problema algum em ter silêncio entre as lembranças de gratidão, enquanto você espera que elas brotem. É melhor que brotem poucas do que inventar muitas. Se você teve dificuldade em se sentir grato ou em parar de fantasiar, considere repetir a prática em outros dias.

Permaneça concentrado, com a mão sobre o peito e de olhos fechados, sentindo a gratidão quando cada situação brotar, pelo tempo que quiser.

QUE A SOCIEDADE BRUTA **JAMAIS TE EMBRUTEÇA.**

Lembra-se da prática de sentir o perfume de uma rosa imaginária?

Hoje, você fará algo semelhante. Porém, em vez de sentir a rosa, vai aspirar luz. Uma luz brilhante disponível na sua frente.

Feche os olhos e aspire profundamente a luz. Repita cerca de cinco vezes. Faça o exercício mais uma vez à noite, antes de dormir.

OLHAR:
QUANTO MAIS
CÍNICO, MENOS
POÉTICO.

AMOR-PRÓPRIO, AMOR PELO MUNDO

Hoje, a prática será feita naqueles momentos em que julgarmos negativamente outra pessoa — seja alguém do nosso convívio, seja alguém distante, o qual julgamos ao saber de algo contado por um amigo, ler uma notícia ou ver um vídeo na internet. Aqueles momentos em que reprovamos alguma conduta, aqueles momentos em que, do nosso ponto de vista, a pessoa está errada, não agiu corretamente.

"Como essa pessoa é amarga", "Como é má/sem noção", "Ela faz isso para aparecer", "Ela nem se importa com os funcionários", "Ela não devia ter feito isso, foi um erro", "Ela não se importa com ninguém além dela mesma", "Quanto egoísmo, que horror", "Quanta futilidade", "Olha que horror isso que ela fez", e por aí vai...

A prática consiste simplesmente em, nessa hora, pensar: "Decido não julgar". Só isso. No momento em que esses pensamentos cruzarem a mente, pense: "Decido não julgar" e mude o tópico mental ou se entregue ao espaço íntimo da não palavra. Pense "Decido não julgar" — e, claro, não alimente o julgamento após essa decisão.

Se você costuma lidar com muitas informações, ou trabalha com isso, ou se simplesmente se sente muito tomado pela vontade de refletir sobre algum ato de alguém, faça análises objetivas. Exemplo (ao ler uma notícia): "Essa atitude pode custar vidas" em vez de "Como ele é estúpido/perverso" ou "Essa atitude com certeza vai ser péssima e o mundo vai acabar". Hoje é dia de usar menos adjetivos, abrir-se mais ao talvez do que ao com certeza, ceder menos à passionalidade, ficar menos refém dos nossos tão condicionados pontos de vista e, de novo, evitar julgar nossos vizinhos de mundo.

O tema "julgamento" pode se desdobrar em uma tarde inteira de argumentos ou até mesmo em uma vida inteira... "Não é possível não julgar", "Ah, e quanto aos assassinos?" etc.

Este não é o momento de racionalizar, mas de experienciar. Minha sugestão é que você faça isso e perceba no fim do dia como se sente.

"AH, EU TE CONHEÇO."

NÃO, VOCÊ NÃO ME CONHECE. VOCÊ CONHECE MEU PASSADO. **ESTOU SEMPRE NASCENDO!**

18

Hoje teremos uma prática de escrita aliada ao autoconhecimento — nesse caso, talvez faça mais sentido falar em autoestranhamento.

Pegue um caderno e escreva dois textos. No primeiro, apresente-se (nome, idade, profissão, dados pessoais que considera mais relevantes) e conte suas características que julga serem mais marcantes, aquilo que entende como qualidades, aquilo que entende como defeitos. Pode misturar características e gostos: "Sou ansioso/adoro ir ao cinema", por exemplo. Enfim, escreva a sua minibiografia. No outro texto, conte seus planos para o futuro. Mas não seja rigorosamente fiel à realidade: misture planos sérios com loucurinhas ("fazer uma pós", "abrir uma fundação internacional", "dançar por sete dias seguidos").

SÓ QUE TEM UM DETALHE: em ambos os textos, antes de cada item, você vai usar a palavra "ou". Não vale usar "eu" nem omitir o pronome pessoal: use "ou" antes do verbo.

Exemplos:

Ou me chamo Mateus
Ou tenho 42 anos
Ou sou solteiro
Ou sou melancólico
Ou sou agitado
Ou gosto de viajar
Ou adoro praia
Ou quero conhecer o Japão
Ou quero tingir o cabelo de roxo...

Perceba como se sente ao escrever sobre você assim, usando o "ou". Se possível, após a prática, use "ou" no lugar de "eu" ao longo do dia nas conversas com os outros (que vão perguntar o que está acontecendo, é claro) e nos seus monólogos internos ("Ou estou tão chateada com o que minha mãe fez comigo!").

Ou espero que você goste da prática de hoje!

VOCÊ É MUITO **MAIOR** DO QUE TUDO AQUILO QUE APRENDEU SOBRE VOCÊ.

E A **VIDA** É MUITO **MAIOR** DO QUE AS NOSSAS OPINIÕES SOBRE A VIDA.

AMOR-PRÓPRIO, AMOR PELO MUNDO

A prática de hoje consiste em ficar vinte minutos sentado sem fazer nada.

Deixe o celular longe e não ligue nenhum aparelho eletrônico, nem mesmo ouça música. Apenas sente em uma cadeira, no sofá da sua casa, no banco de uma praça, na mesa de um café. Tudo bem estar em um ambiente com outras pessoas, desde que você não converse com ninguém no período da prática. Não é hora de comer, mas pode tomar um chá ou outra bebida de sua preferência. Você pode observar seu entorno, coçar seu cotovelo, tentar se lembrar de uma música, se entregar a pensamentos, recostar a cabeça, contemplar a paisagem, cantarolar uma música, assoviar, observar a fumaça da xícara, caso esteja tomando algo, sentir a temperatura e o sabor, sentir o vento, o calor, respirar fundo, se espreguiçar, estalar os dedos, fechar os olhos, rir, chorar, ficar entediado... Apenas continue assim, sentado. Por vinte minutos.

Há quem descanse e relaxe com essa prática, e há quem fique entediado, se sinta ansioso ou até mesmo seja acometido por uma série de pensamentos perturbadores. Não lute contra essas sensações desagradáveis: observe-as, perceba-as. Lembre-se de respeitar seu ritmo — e de que recorrer à respiração consciente pode ajudar muito.

COMO A NOSSA
MENTE FINITA PODERIA
COMPREENDER
INTELECTUALMENTE
O INFINITO?

É COMO QUERER
MASTIGAR UM SONHO,
AGARRAR UM NÚMERO,
SEGURAR UMA
TEMPESTADE
COM AS MÃOS.

20

Hoje a prática é de autoexpressão. Você vai usar o seu diário de sonhos.

Reserve um tempinho para ficar bem relaxado — se quiser, bote uma música para tocar — e então escolha um sonho como tema de um texto: pode ser um conto, uma crônica, uma poesia ou simplesmente um relato, como em um diário.

Dê preferência a um sonho daqueles meio misteriosos, que a gente não entende tão bem. Mas vale qualquer sonho. Não se preocupe em ser muito fiel a ele: solte a criatividade! Só peço que, em alguma parte, você fale sobre sentimento. Vamos supor que tenha sonhado que corria de um gato branco. Você pode fazer um texto poético como: "Gato branco, o medo que sinto é grande como sua beleza...". Se preferir, pode inventar um personagem: "Quando ela viu o gato branco...". Como vê, é bem livre. Só se inspire no sonho e expresse algum sentimento. Algo que percebo que ajuda na autoexpressão pela escrita é não pensar demais, ir escrevendo com a mão solta, sem preocupação com o resultado.

Apenas escreva, releia quando terminar e veja se o texto diz algo interessante sobre você ou seu período de vida atual. Se achar que ele não diz nada, tudo bem.

VÍCIO EM *FEEDBACK*

DEPENDER MUITO
DE ELOGIOS PARA
SE SENTIR BEM
=
SE ABALAR MUITO
COM CRÍTICAS
NEGATIVAS

21

Preferencialmente pela manhã ou até no máximo o início da tarde, poste na rede social mais usada por você, naquela sua rede preferida. Poste o que quiser, o que tiver costume. E então... dê *log out*. E só confira no dia seguinte as curtidas e os comentários. Resista o dia todo a checar a rede social. E perceba como se sente.

Se você usa as redes sociais, mas não tem o costume de postar nada, pode ser interessante "se arriscar" em uma postagem e então sair. Se não quiser mesmo publicar nada, apenas faça o *log out*.

Aproveite para curtir o dia com leveza e reserve alguns instantes para perceber a respiração: nas situações mais variadas, pare e sinta o ar entrando e saindo. Se quiser, feche os olhos e bote a mão sobre o peito. Particularmente, adoro fazer isso.

AUTODESCONHECIMENTO

QUANTOS "DEVO SER" TE SEPARAM DO SEU SER?

AMOR-PRÓPRIO, AMOR PELO MUNDO

A prática de hoje é manter, ao longo de todo o dia, um monólogo interior gentil.

Por hoje, você não vai se condenar, remoer aquelas atitudes que considera equivocadas, se repreender por aquilo que julga defeito, dizer a si mesmo coisas como: "Seu mané, você fez isso de novo!", "Nossa, eu não devia ter pensado isso". Na verdade, hoje você nem vai se questionar: "Puxa vida, por que fiz isso, que coisa, eu não devia, será que eu...". Mas também não vai pegar o caminho oposto e se elogiar: "Arrasou, mandou bem, você é sensacional!". Nem lamentos, nem euforia — é mais simples que isso.

O tom dessa gentileza proposta é de objetividade. Caso você note que está se condenando/sendo pouco generoso com você mesmo/muito preocupado com o comportamento ou a consequência de algum ato ou se questionando, apenas deixe esses pensamentos passarem: não os alimente, não se identifique com eles. Não lute, não se esforce: apenas não preste atenção a eles.

Se estiver difícil, pense no mantra: "Eu me aceito exatamente como sou hoje e estou aberto para a sabedoria". Essa é uma sugestão, você pode adaptar o mantra para outra versão que o faça se sentir melhor e mais apaziguado ao longo do dia. Por exemplo, se não gosta de "sabedoria", substitua por "me iluminar", "me expandir" etc. O importante aqui é sustentar, mais do que a ideia, a sensação de que você se aceita integralmente do jeito que é hoje e que isso não significa que esteja parado, pelo contrário: não há como ficarmos parados; seguimos sempre em movimento, no nosso ritmo.

Perceba como se sente.

APRENDI A AMAR E A TEMER, MAS **NÃO PERTENÇO** NEM A QUEM AMO, NEM A QUEM TEMO.

23

A prática de hoje pede silêncio, um espelho e cerca de três minutos.

Quando nos olhamos no espelho, conferimos nossa aparência. Julgamos como estamos na nossa opinião, se estamos bonitos, feios, abatidos, descansados e até se estamos bem ou envelhecidos para nossa idade. A prática hoje é se olhar bem de perto no espelho e não se deixar levar por nenhum pensamento relacionado à aparência.

Se esses pensamentos vierem, apenas não os alimente. Em vez disso, olhe nos seus olhos, como se estivesse procurando algo lá dentro: com interesse e atenção. Sem julgamento. Olhe de perto. Apenas olhe, buscando se conectar com o profundo dos seus olhos. Sustente esse olhar por pelo menos três minutos. Repita à tarde e mais uma vez à noite, antes de dormir. Na prática da noite, se quiser, use um mantra de autoaceitação, como "Me aceito integralmente". Pela manhã e à tarde, apenas o mistério e a conexão sem palavras.

ABRIGAR
NOSSAS
FRAGILIDADES,
E NÃO NOS
ABRIGAR
NAS NOSSAS
FRAGILIDADES.

24

Alguma coisa nos acontece e nos frustramos porque queríamos que algo diferente tivesse ocorrido. Isso é bem comum, não? Hoje treinaremos a nossa disponibilidade para o que aconteceu — do jeito que aconteceu, na hora em que aconteceu.

A prática se dará no momento de uma frustração, por menor que seja: assim que você chegou ao ponto, seu ônibus estava indo embora; um copo se quebrou; o dinheiro não caiu na conta; não chegou aquele e-mail que estava esperando; você não passou no exame; o arroz queimou; alguém lhe deu uma resposta grosseira; você não dormiu bem; caiu molho na camisa; choveu quando você queria sol: vale para qualquer frustração.

Ela consiste em, no momento da frustração, respirar fundo, sentindo a respiração, e aceitar profundamente o que aconteceu: sem alimentar eventuais pensamentos de reclamação, frustração, irritação. Se passarem por sua mente, deixe esses pensamentos para lá e também não os comunique. Apenas respire e volte a atenção para o presente sem reclamar dele — abaixe-se e recolha os cacos do copo estoicamente, espere o outro ônibus sem se impacientar olhando o relógio, responda normalmente à pessoa que se dirigiu a você com grosseria, telefone cobrando o pagamento que não caiu, e por aí vai. Quando houver uma ação a ser tomada, aja de modo objetivo, quando não houver, apenas respire e aceite. Sua atenção não está em querer as coisas de outro jeito, mas na aceitação integral do presente, agradável ou não.

Disponibilidade. Aceitação. Entrega ao instante do jeito que ele ocorreu, em vez de se lamentar pelo modo como ocorreu: é disso que se trata hoje. Repare que não tem a ver com polianamente celebrar as frustrações: "Ah, essa notícia que li é triste, mas sei que no fim vai dar tudo certo!", "Ah, o copo quebrou, mas o importante é que estou vivo!". É bem mais simples que isso. Trata-se apenas de aceitar o que é, procurando se relacionar com o mundo para além do gostar ou não gostar.

SERÁ QUE VOCÊ **DESEJA** MESMO TUDO AQUILO QUE APRENDEU A DESEJAR?

AMOR-PRÓPRIO. AMOR PELO MUNDO

Na prática anterior treinamos nossa disponibilidade. Agora, vamos continuar a busca por esse estado interno mais livre da lógica do gostar e não gostar.

A prática de hoje será feita duas vezes. Não importa a ordem. Em uma delas, você prestará atenção plena a uma atividade de que gosta. Na outra, em uma atividade de que não gosta.

A atenção plena é aquela sem julgamento, sem gosto/não gosto e também, claro, sem distrações: veio um pensamento, apenas não o alimente e coloque sua atenção no ponto escolhido — no caso, a atividade agradável e a desagradável. A agradável pode ser uma refeição, o banho, uma caminhada... Escolha, de preferência, uma atividade que dure mais de cinco minutos. No banho, inclua o que faz antes e depois: tirar a roupa, abrir o chuveiro, se enxugar, se vestir. Na refeição, comece desde a hora de se sentar à mesa. Tocou o celular no momento da atenção plena e você precisa atender?

Volte a atenção totalmente para o celular. Esteja inteiro, não com um olho aqui, outro ali. Sentidos despertos.

Entre as atividades desagradáveis, vale tarefa doméstica, ir ao banco, parar para abastecer o carro, ir ao dentista, dar aquela notícia ruim, resolver alguma pendência burocrática, enfim, qualquer coisa que não considere legal de ser feita. Esteja inteiro, presente, com atenção total ali. Sem julgamentos, apenas presença, a presença mais completa que você tem a oferecer.

Depois de concluídas as práticas, perceba como foi cada experiência, buscando pontos semelhantes entre elas.

QUANDO O SEU
MAIOR DESEJO É
SER DESEJADO,
A MAIOR
PARTE DA SUA
INTERIORIDADE
ESTÁ LÁ FORA.

26

A prática de hoje se estende pelo dia todo. Ela consiste em reduzir ao mínimo os verbos "precisar", "ter que" e similares na hora de pensar ou falar. No lugar deles, você usará "quero".

Alguns exemplos: em vez de "preciso comer agora", "quero comer agora". Em vez de "preciso arrumar esta bagunça", "quero arrumar esta bagunça". No lugar de "preciso ter mais paciência com meu filho", "quero ter mais paciência com meu filho".

Você pode pensar em motivos que o levam a querer algo, se achar melhor. Por exemplo: "Quero pegar meu filho na escola pontualmente porque assim não vai ser aquela correria para voltar para casa", "Quero lavar a louça porque esta sujeira está me incomodando".

Você também pode usar "decido" ou "escolho" em vez de quero, caso prefira. "Decido dar mais uma chance a esse relacionamento"/"Decido terminar esse relacionamento" em vez de "Tenho que terminar esse relacionamento, meu Deus". A ideia aqui é migrar de uma posição de obediência para uma de assertividade. Acredite, dá para fazer isso até em relação a alguma planilha, formulário ou outra tarefa burocrática — "Que droga, preciso preencher isso hoje" vira "Escolho preencher isso hoje para não deixar para a última hora e acabar me prejudicando".

Perceba como se sente.

AMAR É CUIDAR DO OUTRO SEM DESCUIDAR DE SI MESMO.

27

Já fizemos práticas de atenção envolvendo natureza, músicas, uma vela, uma tarefa desagradável, uma agradável...

Hoje, faremos mais uma prática de atenção: agora, ela será colocada em um filme. Sugiro que assista sozinho ao filme ou convide alguém que se interesse por vê-lo como uma prática meditativa, sem conversar. Deixe o celular longe e no silencioso e não traga nenhum alimento: quanto menos distrações, melhor. Isso inclui, como sabemos, os pensamentos que eventualmente aparecerem. Sua atenção estará no filme.

Pensei em um filme relativamente curto, que é facilmente encontrado (a versão legendada está disponível no YouTube) e, eu diria, tem potencial altamente transcendental: *O garoto* (*The Kid*), de Charles Chaplin. Para além de gostar ou não gostar, procure sentir o filme, percebê-lo, oferecer a ele sua total presença. É um convite à nossa sensibilidade, ainda mais se assistido com profunda atenção.

QUE PREÇO VOCÊ PAGA PARA TENTAR LEVAR UMA "VIDA ESTÁVEL"?

28

Hoje é dia de fazer uma atividade lúdica de que você gostava na infância.

Brincar de massinha ou argila, fazer esculturas de *biscuit* ou papel machê, andar de bicicleta, andar de skate, inventar uma música no teclado, empinar pipa, brincar de boneca, carrinho, bonequinhos; chamar os amigos para jogar bola ou praticar algum esporte, ver desenho animado, ler gibi, desenhar, pintar, dançar músicas infantis, pular corda... Pense em alguma atividade que você não faz há tempos e que gostaria de fazer hoje. E então relaxe e faça, sem muitas expectativas a não ser... brincar.

TE ENCONTRO
ALI, ONDE MINHA
FORÇA VITAL
VENCE MEU
MEDO DE ERRAR.

AMOR-PRÓPRIO, AMOR PELO MUNDO

A prática de hoje será feita duas vezes ao longo do dia, uma de manhã e outra à noite.

Por cerca de cinco minutos, observe uma de suas mãos. Mantenha a atenção nela. Já sabe: se surgirem pensamentos distrativos, apenas não os alimente.

Abra e feche a mão. Observe a pele, a palma, as costas, as linhas. As unhas, o formato dos dedos, as eventuais rugas ou manchas. Acaricie um dedo com o outro, mexa um de cada vez, como se estivesse tocando piano no ar. Faça movimentos de abrir e fechar. Não julgue o que está vendo, não se trata de achar sua mão bonita ou não: apenas de observá-la com atenção plena. Toque-a com a outra mão, sinta a mão observada sendo tocada, cheire-a, volte a observar parada e em movimento. Aproxime-a de você, afaste-a.

Se quiser, finalize a prática dando um beijo carinhoso em sua mão.

Você pode substituir a mão pelo pé ou outra parte do corpo, se preferir.

QUANTO MAIS
TRANCADO NO
"EU", MAIS DIFÍCIL
O ENCONTRO
COM O MUNDO.

AMOR-PRÓPRIO, AMOR PELO MUNDO

30

Hoje é dia de fazer uma caminhada contemplativa.

Deixe o celular em casa e, por cerca de meia hora, caminhe sozinho ao ar livre. Mas não se deixe levar por seus pensamentos: quando eles vierem, não os alimente. Sua atenção está em outro lugar: no que você vê e ouve e nos cheiros que sente.

Olhe as árvores, os prédios, as pessoas; ouça os sons que vêm até você. Sinta o sol, a umidade ou a secura do ar. Certifique-se de não estar andando rápido demais ou se distraindo em labirintos mentais, com lembranças e pensamentos. Certifique-se de estar atento ao seu entorno. É uma atenção sem julgamentos: sem elogiar coisas que considera bonitas ou sem se lamentar por coisas que considera tristes.

Na sua caminhada, pode ser que você veja sujeira no chão, um casal discutindo, alguém pegando comida no lixo. Não se distraia com reflexões a respeito ou julgamentos: siga caminhando, atento ao seu entorno, concentrado não nas suas impressões sobre o mundo, mas no mundo.

Quando voltar para casa, antes de pegar o celular ou realizar alguma tarefa, faça três respirações profundas.

JAMAIS ME
DÊ TUDO
QUE EU
ESPERO
DE VOCÊ.

31

Diante de uma árvore, de uma planta ou de uma delicada flor em um vaso ou em um galho, ou com seu gato ou cachorro de estimação, ou mesmo diante de pássaros que pousam ou caminham perto de você, contemple o que está vendo por cerca de quinze minutos.

Relacione-se com a planta ou o animal que está vendo. Faça carinho no bichinho, sinta suavemente a flor com os dedos, cheire o tronco da árvore, perceba as nuances de cor e textura da folhinha da planta e como ela se mexe ao ser tocada pelo vento. Olhe nos olhos do passarinho. Olhe nos olhos do animal de estimação, faça carinho nele.

Talvez você já tenha o hábito de fazer isso. Certifique-se hoje de estar entregue ao animal ou à planta, como se ele estivesse em primeiro plano, e não você. Esqueça-se um pouco diante do que está vendo. Seja um observador atento e devoto ao ser que está contemplando. Sinta e perceba mais do que adjetiva: não precisa achar bonito ou feio, procure enxergar como é, para além das palavras e do seu gosto pessoal. Perceba a textura dos pelos, os caminhos dentro das orelhas, o movimento das patas, os ângulos faciais do animal, as mudanças de tonalidade da cor da planta. Aproxime-se, cheire, toque, olhe, olhe mais uma vez.

AMAR É
DESCANSAR.

AMOR-PRÓPRIO, AMOR PELO MUNDO

32

Hoje você vai contemplar os olhos de outra pessoa, e ela será convidada a contemplar os seus. Essa prática é parecida com a anterior, porém feita com um amigo ou o cônjuge, um filho, um colega de trabalho — qualquer pessoa que você se sinta à vontade para convidar para essa prática. Se não há ninguém no seu convívio físico, faça a prática pelo celular, por vídeo. Como última alternativa, na impossibilidade de fazer esse exercício com alguém, utilize uma foto de um conhecido ou desconhecido. O que importa é ser outra pessoa.

Sentem-se diante um do outro. Programem o *timer* para dez minutos. E então se olhem nos olhos. Não pensem sobre o que estão vendo: "Ele/ela é bonito(a)", "Nunca tinha reparado que o nariz dele(a) é tão fino/largo", "Adoro essa pessoa", "Ela me irrita às vezes", "Que prática estranha"... Apenas se olhem nos olhos.

Deu vontade de rir? Ria, mas evite desviar o olhar. Deu vontade de chorar? Mesma coisa. Deu vontade de sair correndo? Não saia. Não se concentre em suas impressões, sensações ou pensamentos, concentre-se no outro. Trata-se de sustentar o olhar. De prestar atenção. E de não julgar.

EXPERIENCIAR AQUILO QUE VOCÊ QUER E SE **PERMITIR** ERRAR (EM VEZ DE **ACERTAR** FAZENDO AQUILO QUE VOCÊ NUNCA QUIS).

33

Existem retiros de silêncio, lugares para onde você viaja e fica sem falar por alguns dias. Mas hoje você não vai ter que viajar, pode ficar em casa ou passear por locais tranquilos, como um parque. A prática é a seguinte: fazer um retiro de silêncio sem precisar sair da cidade.

A primeira vez que fiz isso foi em um domingo. Avisei meu então marido e minha filha um dia antes que não falaria no dia seguinte — mesmo que fosse por mímica ou aceno de cabeça, minha comunicação seria mínima. Combinamos que eu não escreveria bilhetes. Poderíamos ficar juntos, ver filmes, almoçar, nos abraçar. A condição seria não trocar palavras.

Recomendo que você faça doze horas de prática: comece de manhã e encerre à noite. Na véspera, avise as pessoas com quem pretende se encontrar no dia seguinte, aqueles com quem mora ou trabalha, caso sua atividade profissional permita que você fique sem falar.

Durante o retiro, não use a internet. Se for ler, fique com leituras por puro prazer. Você pode meditar, arrumar a casa, cozinhar, bordar, caminhar, fazer exercícios físicos, ouvir as pessoas (caso almoce ou passe algum tempo com alguém), desenhar, ver um filme — sem comentar nada. Mas evite se sobrecarregar com excesso de atividades. A ideia aqui é passar o dia mais interiorizado, quieto e contemplativo, e, claro, sem falar nada.

Procure perceber como se sente ao longo do dia e observe seus pensamentos. Note se o nível de verborragia mental vai diminuindo, se a atenção vai aumentando ou se, pelo contrário, anda muito difícil ficar quieto e está ficando mais ansioso. À noite ou no dia seguinte, escreva como foi a experiência.

VOCÊ **NÃO PERTENCE** ÀS SUAS OPINIÕES.

Vamos fazer uma prática de escrita hoje?

Pegue um caderno e escreva três páginas no estilo de fluxo de consciência. O que isso quer dizer? Escreva o que vier à cabeça, misturando lembranças, planos, sensações e impressões sem se preocupar em encadeá-los. Vá anotando o que surgir, do jeito mais livre e solto possível.

Por exemplo: "Que exercício estranho. Logo hoje que estou com preguiça. Está o maior sol. Devo sair com o pessoal mais tarde. Meu cabelo está sujo, preciso lavar. Ainda com raiva do que aconteceu semana passada, isso e aquilo... Lá-lá-lá quem será que vai ganhar a eleição nos Estados Unidos? Ontem li uma notícia bizarra sobre abelhas. Preciso aprender a preparar feijão. Nunca sei o que eu quero. Tanta vergonha do que aconteceu ontem, cheguei lá no trabalho e...". Algo que ajuda bastante é escrever rápido, sem pensar muito.

Em pelo menos algum trecho, concentre-se em seus sentimentos tanto no momento da escrita quanto hoje, ao acordar. Como está se sentindo? Como se sente em relação a isso que está sentindo? Como estava se sentindo ao acordar e nos seus primeiros movimentos pela manhã?

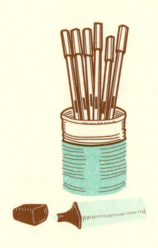

NÃO PENSE
DEMAIS
SOBRE
AQUILO QUE
TE DISSERAM
SEM PENSAR.

35

A prática de hoje é uma meditação dinâmica/ca-
tártica.

Você vai precisar de quinze/vinte minutos. A
prática começa com duas músicas bem agitadas da
sua preferência. Então você vai dançar, mas não do
jeito comum: vai dançar exageradamente, mexen-
do bem o corpo e também fazendo os movimentos
que quiser — pular, agachar, subir na cama. A ideia
é extravasar e, quanto mais exagerado, melhor. Se
quiser, pode fazer caras e bocas, cantar alto, gritar,
dar socos no travesseiro, pegar um objeto e fingir
que é um microfone, mexer loucamente a cabeça...
A ideia é liberar energia, então não se contenha!
Dance o mais livremente que puder! Então... Des-
ligue a música, deite-se imediatamente (pode ser
no chão mesmo), feche os olhos e relaxe. Sinta cada
parte do corpo relaxando. Se quiser, coloque a mão
sobre o peito. Sinta a respiração. Permaneça assim
por alguns minutos. Perceba como se sente.

REFUGIOU-SE NA
SUPERFICIALIDADE
PARA DESCANSAR,
SEM PERCEBER
QUE ERA ALI QUE
SE CANSAVA
PROFUNDAMENTE.

36

Hoje faremos uma nova prática de escrita.

Antes de pegar o caderno, feche os olhos e procure se lembrar de algum acontecimento no seu passado que ainda lhe cause dor. Pense em uma situação pontual ou em um período da vida do qual você guarda mágoa, então escreva sobre isso. Mas há um detalhe importante: você vai escrever na forma de ficção. Um conto.

Escreva na terceira pessoa: "Quando ele/ela chegou em casa...". Dê um nome para o personagem que vai passar por aquela situação. Fique à vontade para escolher a idade dele, mudar seu gênero, a cidade onde mora — é ficção, crie! Faça o mesmo com os outros personagens envolvidos. Escreva os diálogos, misturando detalhes lembrados a outros inventados. Mantenha o centro de seus acontecimentos, aquilo que ainda o magoa — nessa prática, isso servirá de material para sua história.

Fique à vontade para mudar o final: o personagem pode agir de outra maneira que você diante da mesma situação ou diferente do esperado em relação a ele. Você pode criar um final trágico, cômico, pode indicar uma possibilidade interessante no fim. Perceba qual final você quer para seu personagem. Não precisa decidir antes, pode ir percebendo à medida que escreve.

Não se preocupe em escrever um conto considerado bom — não se trata de um concurso de escrita, e sim de uma prática de autoexpressão. Escreva e reescreva até que fique bom para você. Procure escrever pelo menos duas páginas.

SIM, ME OFENDERAM,

NÃO, NÃO ME SENTI OFENDIDO.

37

Hoje a prática se estende pelo dia todo e será feita a cada palavra rude ou descuidada que ouvir dos outros. Ela consiste em tirar imediatamente a atenção do que foi ouvido: se alguém for grosseiro, fizer um comentário frustrante ou der uma resposta mal-humorada, concentre imediatamente a atenção na respiração. Apenas isto: tire a atenção do fato desagradável e coloque-a na sua respiração. Espere alguns instantes até agir (se houver uma atitude a tomar ou algo a falar). Se não houver nada a fazer ou a falar, apenas silencie.

Se for agir, há um aspecto importante para levar em conta nesse momento: aja centrado na sua respiração e no seu corpo, não nas palavras que você entendeu como causadoras da contrariedade. Aja para fora, com seu foco no dentro.

DISPONÍVEL PARA O INCONTROLÁVEL.

AMOR-PRÓPRIO, AMOR PELO MUNDO

Hoje faremos uma prática de meditação sentada.

No horário que preferir — só não recomendo um período em que costuma sentir muito sono —, sente-se em uma posição confortável em um ambiente tranquilo, fechado ou ao ar livre. Programe o *timer* para dez minutos, de preferência com um toque suave. Lembre-se de colocar o celular em modo avião ou desativar as notificações. Então feche os olhos e concentre sua atenção na respiração.

Não altere o ritmo em que está respirando: apenas coloque a atenção no ar entrando e saindo, entrando e saindo. Os olhos fechados estão como que pousados entre as sobrancelhas, sem esforço. Os pensamentos que eventualmente vierem serão como balões que voam e que você não puxa pela cordinha — deixe-os seguir como o vento. Permaneça concentrado na respiração.

Permaneça assim até o alarme tocar. Se quiser, repita a prática em outro horário.

NÃO EVITAR
A ANGÚSTIA:
ATRAVESSÁ-LA.
E **ENCONTRAR**
O **ENTUSIASMO.**

AMOR-PRÓPRIO, AMOR PELO MUNDO

A prática de hoje é quase igual à anterior, mas com duas diferenças.

A primeira é que você programará o *timer* para quinze minutos. A segunda é que, quando sentir que está bem concentrado, com a respiração em um ritmo constante (reparou como ela vai ficando constante durante a prática?), você vai abaixar a cabeça, como se fizesse um movimento afirmativo, mas deixando-a inclinada. Não force o queixo nem o pescoço: apenas desça a cabeça suavemente e procure sentir um lugar de paz no centro do peito.

Você vai então sentir — não imaginar, não visualizar — esse lugar de paz no centro do peito. Esse espaço de pura paz aí dentro. Seus olhos continuam como que pousados entre as sobrancelhas, e sua atenção está simultaneamente na respiração e nesse espaço, como se a respiração e esse lugar de paz formassem uma só região — a região onde está seu foco. Permaneça assim até o alarme tocar.

... DESCOBRIU QUE SEU **DESESPERO** VINHA NÃO DO **TÉDIO** OU DO VAZIO, MAS DE SUA LUTA CONTRA O TÉDIO E O VAZIO.

PAROU DE LUTAR E O TÉDIO SE DESPETALOU ATÉ VOLTAR À SUA FORMA ORIGINAL: UM DELICADO CRISTAL DE **QUIETUDE** E **SILÊNCIO**.

E O VAZIO SE TRANSFORMOU EM **CASULO** PARA A **CRIAÇÃO**.

AMOR-PRÓPRIO, AMOR PELO MUNDO

Hoje a prática consiste em acordar antes das 5 da manhã — digamos, 4h40, 4h45. Se já é seu horário habitual de acordar, programe o despertador para pelo menos duas horas antes, de modo que possa passar alguns momentos sozinho e com tranquilidade no escuro, antes do nascer do sol.

Levante-se quando ainda estiver escuro e faça todos os movimentos a seguir com calma. Sente-se perto de uma janela de onde poderá presenciar as mudanças de tonalidade no céu no início do dia. Perceba então o que quer fazer: se quer ficar parado ali e olhar mais um pouco, se quer fazer um café, comer alguma coisa. Procure passar algum tempo assim, sem fazer nada, percebendo seus movimentos internos: passar mais algum período ali sentado, comer, pensar, olhar a paisagem lá fora, olhar mais uma vez. Nas duas ou três horas a seguir, você vai fazer muito pouca coisa. Vai sentir sua solidão. O silêncio e as mudanças de luz desse horário.

A prática envolve se perceber e fazer as coisas com calma, de acordo com seu ritmo e sua vontade naquele momento, não com alguma lista de tarefas — por exemplo, aproveitar que acordou mais cedo para ir à ginástica: não é isso. Conecte-se não com imperativos de fora, mas com suas vontades internas naquele momento. Sem pressa. É importante não ligar o celular: daqui a duas ou três horas, você o ligará normalmente. Esqueça computador, filme, rádio, *podcast*. Apenas se entregue lentamente ao início do dia. E, mais uma vez, à solidão.

Deixe um bloco ou caderno perto de você. Use-o para fazer anotações, se quiser escrever, desenhar. Se você se dedica a alguma atividade artística ou manual e sentir vontade de fazer agora, após ter ficado sem fazer nada por algum tempo, tudo bem, mas sem pressa, sem necessidade de produzir ou adiantar nada. Tocar violão, ler, cantar, meditar — isso é bem-vindo, mas com calma e intervalos sempre que precisar: perceba a necessidade de pausas e descansos. Conecte-se com o seu ritmo.

Se sentir vontade de ler, leia devagar, poucas páginas, e apenas leituras por puro prazer — nada de notícias, trabalho, estudo, autodesenvolvimento. O momento não é de ter velocidade, ser produtivo, nem de se abastecer ferozmente com algo: é de se entregar ao vazio e ao começo com a maleabilidade de quem ainda está com sono, talvez mais aberto e entregue ao instante do que no correr do dia. Você não quer ser outra pessoa ou estar em outro lugar que não aqui e agora.

Experimente e perceba como se sente.

ABRA-SE PARA O DESCONHECIDO.

Como última prática, vamos fazer uma meditação sentada de vinte minutos?

Você pode inclinar ou não a cabeça. Pode pensar ou não em algum problema ou sentimento antes de começar. Pode cronometrar ou não. Experimentar outra posição, experimentar um mantra. Pesquisar sobre meditações com visualizações, falar uma frase-guia antes de a prática começar — por exemplo: "Agradeço por tudo que tenho e estou aberto para sentir mais paz". Procurar algum grupo para meditar acompanhado, conhecer práticas específicas de tradições variadas, como a meditação com o som de tambores ou como o zazen da tradição zen-budista.

Há muitas técnicas de meditação, e não há certa ou errada, melhor ou pior — o que se deve levar em conta é a disponibilidade para praticar, as suas possibilidades de alcançar o estado meditativo hoje e a sua abertura para conhecer estados cada vez mais profundos dentro de você, com o treino, independentemente da "modalidade" de meditação escolhida.

Sugiro que, a partir de agora, você reserve períodos para meditar durante a semana e para repetir as práticas que quiser. Sugiro também que adapte e crie suas próprias práticas e rituais que o conduzam à maior conexão consigo mesmo e com o mundo. Com isso, certamente a atenção e a quietude espontâneas acabarão acontecendo dentro de você, assim como a nitidez da percepção. Sem decisão, sem cronômetro, sem luta, sem esforço: elas se desenvolverão naturalmente. Que você siga alargando seu olhar e seu coração, assim como todos nós.

AMOR-PRÓPRIO, AMOR PELO MUNDO

SUGESTÕES DE FILMES

A felicidade não se compra | Frank Capra

A pé ele não vai longe | Gus Van Sant

A primeira noite de um homem | Mike Nichols

A turba | King Vidor

Adorável vagabundo | Frank Capra

Anjos na América (série) | Mike Nichols

Anomalisa | Charlie Kaufman e Duke Johnson

As duas faces da felicidade | Agnès Varda

As faces de Toni Erdmann | Maren Ade

Assunto de família | Hirokazu Koreeda

Bonequinha de luxo | Blake Edwards

Cafarnaum | Nadine Labaki

Casablanca | Michael Curtiz

Cidadão Kane | Orson Welles

Cinturão vermelho | David Mamet

Cleo das 5 às 7 | Agnès Varda

Coringa | Todd Phillips

Correndo com tesouras | Ryan Murphy

Crepúsculo dos deuses | Billy Wilder

Dá pra fazer (Si può fare) | Giulio Manfredonia

Diálogos com J. Krishnamurti | disponíveis no YouTube

Doutor Jivago | David Lean

Eu sei que vou te amar | Arnaldo Jabor

Felicidade | Todd Solondz
Frantz | François Ozon
Green Book: O guia | Peter Farrelly
Hiroshima, meu amor | Alain Resnais
Histórias proibidas | Todd Solondz
Imagem e palavra | Jean-Luc Godard
Kramer vs. Kramer | Robert Benton
Luzes da cidade | Charles Chaplin
Minha noite com ela | Eric Rohmer
Mister Lonely | Harmony Korine
Monsieur & Madame Adelman | Nicolas Bedos
Moonlight: Sob a luz do luar | Barry Jenkins
No coração da escuridão | Paul Schrader
O beijo no asfalto | Murilo Benício
O garoto | Charles Chaplin
O incrível homem que encolheu | Jack Arnold
O som ao redor | Kleber Mendonça Filho
Onda nova | José Antonio Garcia e Ícaro C. Martins
Roda gigante | Woody Allen
Parasita | Bong Joon-ho
Perdidos na noite | John Schlesinger
Tempos modernos | Charles Chaplin
Zelig | Woody Allen

ents
SUGESTÕES DE LIVROS

A balada do café triste | Carson McCullers
A descoberta do mundo | Clarice Lispector
A metamorfose | Franz Kafka
A montanha mágica | Thomas Mann
A origem dos outros | Toni Morrison
A paixão segundo G.H. | Clarice Lispector
Além do ponto e outros contos | Caio Fernando Abreu
Amora | Natalia Borges Polesso
Caderno de Talamanca | E. M. Cioran
Capitães da areia | Jorge Amado
Coisas da vida | Martha Medeiros
Comentários sobre o viver | J. Krishnamurti
Crime e castigo | Fiódor Dostoiévski
Demian | Hermann Hesse
Dias de abandono | Elena Ferrante
Doutor Jivago | Boris Pasternak
Escrever para não enlouquecer | Charles Bukowski
Esferas | Peter Sloterdijk
Fico besta quando me entendem | Hilda Hilst
Foi apenas um sonho | Richard Yates
Frankenstein | Mary Shelley
Grande sertão: veredas | João Guimarães Rosa
Manual da faxineira | Lucia Berlin

Martin Eden | Jack London
Melhores crônicas | Rubem Braga
Memórias de um sobrevivente | Luiz Alberto Mendes
No seu pescoço | Chimamanda Ngozi Adichie
O carnê dourado | Doris Lessing
O ciclista | Walther Moreira Santos
O diário de Anne Frank | Anne Frank
O livro da vida | Krishnamurti
O livro das semelhanças | Ana Martins Marques
O livro do travesseiro | Sei Shônagon
O lobo da estepe | Hermann Hesse
O profeta | Khalil Gibran
O retrato de Dorian Gray | Oscar Wilde
O unicórnio | Iris Murdoch
O velho e o mar | Ernest Hemingway
Obra poética | Sophia de Mello Breyner Andresen
Os passos em volta | Herberto Helder
Ou o silêncio contínuo | Marcelo Ariel
Persépolis | Marjane Satrapi
Perto do coração selvagem | Clarice Lispector
Ponciá Vicêncio | Conceição Evaristo
Quarto de despejo | Carolina Maria de Jesus
Ratos e homens | John Steinbeck
Sagarana | João Guimarães Rosa
Sidarta | Hermann Hesse
Toda poesia | Hilda Hilst
Todos os contos | Clarice Lispector
Uma espiã na casa do amor | Anaïs Nin